2024
경남시인협회 유등 사화집

진주의 달밤 등불

경남시인협회
Gyeongnam Poet Association

| 권두언 |

어둠을 밝히는 시 한 편

주강홍 경남시인협회장

푸른 가을의 남강에 유등을 밝히고 시 한 편씩을 강으로 띄우려 합니다.

어둠을 밝히는 저 등처럼 세상의 눈을 밝히며 사람의 가슴을 적시려 합니다.

역사의 현장인 촉석루와 남강을 끼고 돌면서 열리는 남강유등축제와 이 나라 최초의 그리고 최고의 개천예술제와 더불어 행하는 이 행사에 우리의 시심을 아낌없이 나누려 합니다.

13번째의 사화집입니다.

경륜의 높이만큼 성숙한 시들만 모였습니다.

역사의 모퉁이에 쌓아두고 간직하면서 후대에 전래할 수 있는 작품들입니다. 완성도 높은 이 작품들은 먼 훗날 교과서가 될 것이며 고전이 될 것입니다.

우리의 자존심과 자긍심은 경남시인협회의 몫입니다.
한국 문학의 동력이 되어왔으며 경남 시문학의 발원지이기도 합니다.
이 거룩한 작업은 스스로 만들며 키워야 하기에 경남 시인들의 자발적인 참여로 더욱 성대해지고 있습니다.

함께 나누고 엿보면서 스스로 키를 키우고 몸집을 늘리고자 합니다.
사실적 사실을 감성적 사실로 치환하면서 우리의 기량을 견주는 기회가 되기도 하고 공명을 나누는 장이 되기도 할 것입니다.

예술은 세상을 아름답게 만드는 행위이며 우리는 숙명으로 이 작업을 받아들이는 영매들입니다.
우리의 문학이 그 역할에 충분하리라 믿습니다.

옥고를 보내어 지면을 빛내어 주신 경남 시인들과 이 사업을 지원해 주신 남강유등축제 제전위원회 서영수 이사장님께도 감사를 드립니다.

우리는 늘 존경받고 자랑스러운 경남의 시인들입니다.

제5회 유등문학상

김미윤 당선소감

역사는 과거와 현재를 이어주는 통로이고, 철학은 온 세상과 우주에 대한 끊임없는 질문이고 사색이라면, 문학은 삶과 사유를 언어와 문자로 표현하는 수단이라고 합니다. 아무리 '용서하자, 그러나 잊지는 말자' 하더라도 우리에겐 임진년 진주성 전투는 아직까지 생인손입니다.

청댓잎 소리 푸르게 쌓이는 남강변에서 몸 안의 물기가 마를 때까지 실컷 울어도 가슴에 맺혔던 설움은 풀리지 않습니다. 그렇기 때문에 진주성 전투와 유등, 논개의 절의와 충정을 역사의식에 담아 시만이 갖는 정제된 언어로 승화시키는 작업은 이 시대 우리 모두에게 맡겨진 지엄한 과제가 아닐는지요.

이번 유등문학상 수상은 내게 더없는 기쁨이고 영광이지만 문단의 많은 후배들을 떠올릴 때면 어쩐지 자괴감이 앞섭니다.

'하느님. 우리에게 바꿀 수 없는 것을 받아들일 수 있는 평온을 주소서. 우리가 바꾸어야 할 것을 바꿀 수 있는 용기를 주소서. 무엇보다 저 둘을 구별할 수 있는 지혜를 우리에게 주소서.'

라인홀드 니부어의 유명한 기도문에 나오는 말입니다. 이 말이 내가 문학의 길에서 방황할 때 한 줄기 빛과 이정표가 되리라 믿으며 다시 한번 마음을 추스려 봅니다.

부족한 작품을 뽑아주신 심사위원 여러분과 주강홍 회장님께 감사를 드리며 경남시인협회의 무궁한 발전을 기원합니다. 이제 또 새롭게 시작하겠습니다. 고맙습니다.

경남 마산 출생. 1986년 《시문학》 추천·《월간문학》 신인상, 1995년 《문예한국》 미술평론, 2018년 《한국작가》 문학평론 당선. 경상남도문화상, 마산문학상, 경남문학상, 탄리문학상 등 수상. 시집 《갯가에서 부는 바람》 《흑백에서》 《간이역을 지나며》. 마산문인협회장, 마산예총 회장, 경남문학관장 역임. 생활문화예술협회장, 올해의 작가상 운영위원장

| 수상작 |

눈물이 별꽃으로 피어날 때

김미윤

피로 얼룩진 세월에 싸여 묻혀버린
빛바랜 임진년 그 갈피를 뒤적이다
분노의 거친 몸짓으로 삼베 적삼을 붙잡느니
푸른 안개는 걷혀도 강바람 살을 헤집는데
어혈 져 맺힌 가슴 유등 따라 서럽게 흘러
어느 역사의 물굽이 돌아 나오다 금이 가고
보일 듯 보이지 않는 숨결이여
잡힐 듯 잡히지 않는 손길이여
밤새 숫돌에 녹슨 칼을 시퍼렇게 갈아
오욕의 하늘 향하여 미치도록 휘두르면
신새벽 눈물이 별꽃으로 피어날 때
목이 터져라 부르고 싶은 이름, 이름들
천형 같은 운명도 검무처럼 받아들여
저 핏빛 노을 속 돌아가는 오늘 이 길은
무너진 함성마저 몇 겹 손사래로 피어나
정녕 생멸의 고리 되어 순환하고 있는가

차례

권두언 • **주강홍** 경남시인협회장 • 2

제5회 유등문학상
김미윤 | 눈물이 별꽃으로 피어날 때 • 5

part 1
유등이 빛나는 시간

곽향련	진주성을 거닐면서	• 12
구판우	유등에 어린 왕자 있다	• 14
김 결	진주 같은 밤	• 16
김 경	2024년 유등	• 18
김무영	유등이 빛나는 시간	• 19
김미숙	갈겨니의 꿈	• 20
김미정	유등 헌신	• 22
김민철	유등놀이	• 23
김보영	먼 고요	• 24
김성진	유등의 고난	• 26
김연희	혼魂불 메아리·7	• 28
김인혁	촉석루矗石樓	• 29
김일태	등촉을 받쳐 들고	• 30
김현길	동장대	• 32
도경희	보름달	• 33

part 2
강을 보고 누워

박기원	가을 지나고 가을	•36
박수영	송기원 진주냉면: 순조 1800년	•38
박우담	유등	•40
박행달	진주, 백로의 그루밍	•41
배소희	달오름	•42
백숙자	유등	•44
성선경	다시 대숲	•46
손윤금	남강	•48
신승희	논개	•49
신정균	진양호	•50
안화수	저울	•51
양 곡	유등流燈	•52
예시원	강을 보고 누워	•54
오하룡	자연 남강은	•55
우원곤	너무 슬퍼서 아름다운	•56

part 3
물과 불이 만난다는 것은

유 담	논개를 찾아서	• 58
윤덕점	달군 철판에 두른 들기름 냄새가	• 60
윤홍렬	서장대西將臺 불빛 따라	• 61
이경희	길 위에서	• 62
이명호	유등·7	• 64
이미화	강물 의자	• 65
이서린	물과 불이 만난다는 것은	• 66
이신남	천년이 흘러도	• 68
이용호	청천강 유등	• 69
이월춘	등대	• 70
이점선	진주 남강	• 71
이진주	산 37번지	• 72
임신행	유등	• 74
장인숙	진주횟집	• 78
정삼조	진주에는	• 79

part 4

진주의 달밤 등불

정삼희	유등	• 82
정영혜	유등	• 83
정진남	진양호 노을	• 84
정현주	유등	• 86
조종명	진주의 달밤 등불	• 87
조향옥	유등	• 88
주강홍	유등·24	• 90
주선화	너의 눈	• 91
천융희	히스토리history	• 92
천지경	밥 묵고 하자	• 94
최양호	폭죽	• 95
최인락	남강의 밤	• 96
최형일	자꾸만 꺾어지는 남강을 바라본다	• 98
허미선	동행	• 99
황숙자	다산의 강	• 100

문학강연 | **이승하** • 102

part 1

유등이 빛나는 시간

진주성을 거닐면서

곽향련

♦♦♦
2004년《문예사조》등단. 시집《파손주의》

의롭지 않은 내가 의로운 그녀를 생각한다
왜장을 껴안고 남강물에 목숨을 던진 논개
가락지는 결기決起였고 공空이었으리라
반지 낀 하얀 손이 부끄러워
호주머니 속으로 슬그머니 숨어든다
열아홉 살 몸으로 쓴 수백 년 역사
반짝이며 수천 년 시간으로 흘러가는데
쌓았다가 허물었다가 모래탑 놀이하던 내가
이 강가에서 유등을 켜 들면 어둠을 밝히는
작은 등불이라도 될 수 있을까

유등에 어린 왕자 있다

구판우

그 별이 유난히 반짝거린다 그랬지
그래서 꽂혔는지 몰라
아기공룡 둘리는 빙하 타고 와서 그렇다 쳐
어린 왕자가 철새 타고 은하를 건너올 줄은 미처 몰랐었지
길을 잘못 든 건 긴 여독 탓이 역력한데
사막에 불시착하고 말았어
친구의 의미를 되새기게 한 여우를 만났고
삽화 그대로 소행성의 왕자다운 풍모를 보여주었으나
행복의 메신저로서 꿈꾸는 자아를 발견한 것
여러분은 행선지로 역사적인 남강을 꼽았다는 사실을 기억해야 해
B612 별로 돌아가기 전에 방문하고픈데
길이 없는 건 아니었지
사막 한가운데서 발목께 반짝거리며 쓰러진 걸 지켜보았을 거야
소스라쳤을 테지만 그 배경 속에 해답이 숨어 있는 거지
영원히 빛나는 강
어린 왕자는 유유히 흐르는 남강에 우뚝 섰는데
순간 이동이야말로 순전히 뱀의 지혜이기도 해

◆◆◆
2018년 《문예운동》 등단. 시집 《꽃은 상처를 남기지 않는다》 《청소부나라의 별》

어린 왕자는 유등에 흠뻑 빠져들었고
엄마 손잡고 나들이 나온 꼬마 아이마다 푸른 꿈을 심어줬었지
우주여행 내내 빨간 장미꽃이 거슬렸나 보네
추스를 수 없는 혼수상태,
왜군과 맞닥뜨리며 좌초한 난파선 같은 살 에는 이별 짓고
이맘때 다시 오리라 약조하곤 휑하니 돌아서고 말지
해를 더해가며 유등은 빛을 발하고
꿈은 풍등이 되어 밤하늘을 검붉게 물들여 갔는데
우리의 가슴도 몽글몽글 부풀어갔어

진주 같은 밤

김 결

◆◆◆
2020년 《시현실》 등단. 시집 《당신은 낡고 나는 두려워요》

단풍 드는 대신 등을 밝힙니다

어제의 일부는
둥그런 달 아래 흘러갑니다

물빛 나루터 끝자락에 펼쳐진 하늘은
내일을 알고 있을까요

바람 불면
대숲도 불고

댓잎마다 빼곡히 새긴 검은 사연들
강물에 띄웁니다

남강 흐르고
별빛도 흘러

환한 그대여
어디쯤 오고 계십니까

2024년 유등

김 경

한 밤과
한 물결의 마디 사이

서로 어긋나지 않으려 애쓰는
뼈 부딪는 통점에서

당신의 의성어가 자란다

여기까지 이르기 어디 쉬운 일이던가

강물이 바닥을 감추고

당신을 품듯이

저렇듯이
.
.
.

나도 그럴 것이다

◆◆◆
1999년 《경남신문》 신춘문예 당선. 시집 《삼천포 항구》 《거짓말》 등

유등이 빛나는 시간

김무영

유등이 흔들거리고 있다
물길을 인도한다지만 때론 바꾸거나 뒤집거나 한다
기운이란 기운 다 모아

저 강바닥을 헤치며 고뇌하는 물벌레의 몸부림에도
나뭇가지에 아슬아슬 매달린 풀벌레 발길을 비추고
아버지 병을 돕다 병들어 가는
소녀의 간절한 기도에

떨리는 내 전신을 스쳐
갈라진 틈 사이로 물결이 인 어머니 손등으로
마구 쏟아 내린다

◆◆◆
1982년 《거제문학》 태동과 함께 문단 활동. 시집 《그림자 戀書》 등

갈겨니의 꿈

김미숙

❖❖❖
1998년 《시와 시학》 등단. 시집 《저승, 톨게이트》 외 8권, 그림동화 《양말모자》

어찌 흐르는 것이 유등뿐이랴

바다로 가는 고래 등불은
어두운 강물을 거슬러 오르며 큰 꿈을 꾸는데
깊은 강바닥을 헤엄치는
피라미도 갈겨니는 알고 있는 것이다

큰 몸짓만 살아남는게 아니라
작은 몸이라도 숨겨야 할 때는 납작 엎드리고
나서야 할 때는 지느러미를 세워야 한다는 것을

그래서 꿈을 꾼다
언젠가는 고래등에 올라타
오대양을 휘젓고 다니겠다는 야무진 꿈을.

유등 현신

김미정

남강물
조용한 흐름
머언 별무리 숨죽인 흐느낌이여

멈출 수 없는 노래, 어둠을 갈라
시월이면
밤하늘 유성보다 더 유려히

유등으로 현신現身되는
속 불
남강물은 또 한 번 뜨거운 등신불 업어

결코 여느 강물일 수 없는
역사의 큰 발자국
숨죽여 뒤틀며 타오르며 가슴 가슴을 딛는다

◆◆◆
1993년 《문예사조》 시, 1987년 《경남신문》 신춘문예 수필, 1990년 《한국수필》 등단. 시집 《그늘 좋은 나무 아래》《참 따스한 기억》 등

유등놀이

김민철

꽃등을 타고 노닐거나
전통놀이 한판 벌일거나
풍물 등을 만들며
그날의 역사를 논할거나
진주성을 둘러보고
남강을 거슬러
소망 등을 띄울거나
하늘로 풍등을 띄울거나
덩더쿵 덩더쿵
비차飛車를 타고
남해 노량으로 나가볼거나
푸른 용등을 타고 올라
조국을 지키는
전사의 꿈을 펼칠거나
너희하고 나하고
막걸리 한 잔 걸치고
촉석루 마당에서 어 얼~쑤
곱사춤이라도 출거나

◆◆◆
2009년 월간 《시사문단》 시 등단. 시집 《동그라미, 그 바깥의 파문》 외 3권

먼 고요

김보영

◆◆◆
2015년 《문학공간》 등단. 시집 《노란 키스가 돋아날 때까지》

그대가 그대에게 말을 하네
긴 고요가 듣고 있네

창이 따뜻해지네
창 너머 먼 고요를 보네

항아리 속 푸른 열대어가 숨은 대숲으로 빛나고 있네
짙푸른 속 붉은 석류가 산빛 초록 강을 타네

벗어놓은 말들의 고요가 떨어지네
어지러운 고요가 검은 고요로 밀려오네

세월이 가고
사람이 왔네
강물이 흘러

유등의 고난

김성진

붉은빛
물결을 읽으며
영웅과 신화를 기다린다

어둠을 뚫은 빛
모든 감각기관을 뻗어 항해한다
강은 벽이 되고
벽은 빛이 들어올 틈조차 없다

빛을 보았던 기억
거친 암흑으로 사라지고
벗어날 수 없는 공간
문은 보이지 않는다

◆◆◆
2016년 《시와사상》 시, 2015년 《에세이문학》 수필 등단. 시집 《억울한 봄》《에스프레소》 등

거친 항해
공간이 구분되지 않은 채 하늘을 울린다
꿈꾸었던 희망조차 사치스런 순간
온통 벽으로 막혀 남김 없이 비어버린 채
낯선 공간으로 돌아온다

거친 숨소리 잦아들 때
점점이 스며들 듯 유등은 사라지고
젖지 못한 빛은 어느새 우주를 향한다

거칠게 용솟음친 시간을 넘으면
찢겨진 깃발은 발아래 뒹굴고
붉게 물든 물의 경계
빛으로 이어진다

아! 승리를 향해
해가 솟는다

혼魂불 메아리·7

김연희

하늘 문 열리면
성근 메아리
보고픔은 별무리, 그리움은 대숲이라
푸르미르* 타고 진주 팔경 두르오
논개 의암 둘레에 쟁쟁한 칠만여 혼불
찬란한 그 울음 영원 빛결이오

듬쑥한 촉석성 기슭
뒤벼리 병풍 남가람 가슴
물비늘 이랑마다 뜨는 가락지
축제 붉은 옷섶 한마당 축원으로
검무 한삼 자락에서 망진산 봉수대까지
세상 꽃웃음 넘치도록 기원하리오

*푸르미르: 청룡.

◆◆◆
2001년 《문학세계》 시 신인상, 2004년 《경남문학》 수필 신인상 등단. 시집 《시간의 숲》 《남은 날을 하늘에 걸고》 등

촉석루矗石樓

김인혁

거기 우뚝 더욱 곧게 서서
역사를 빚는다

곧추 욱어진 바위 절벽
소리 없이 내지르는 함성의 벽화
수백 년 비바람에도 성성하다

천둥 번개보다 더 강렬했던 열혈 충정
춤사위 고운 옥수玉手라고 덜했을까
시퍼런 남강에 떨어진 한 떨기 꽃
논개 바위 되어 영원하다

오늘에사 강물에 등불 띄워
넋을 위로하나니
수백 년 전 아픔 삭인 채 촉석루
그윽한 눈길로
유등流燈 불 밝힌 강 내려다본다

환한 웃음소리 가득한
오늘을 바라본다

◆◆◆

2017년 《한국작가》 등단. 시집 《너에게로 가는 길 한 발자국》

등촉을 받쳐 들고

김일태

◆◆◆
1998년 《시와시학》 등단. 시집 《부처고기》 외 8권

맘대로 왔다가 쉬이 떠나버리는
사랑아

멀어지든 곁에 있든
그대 머무는 곳은
내 안이다

지울 수도 잊히지도 않는
손바닥의
선명한 애정 선처럼

동장대

김현길

진주시
중앙시장과
기업은행 사이에
계사년 가장 치열했던
동장대 혈투가 있던 곳
그곳을
지나노라니
왠지 눈물이 난다.

국밥을
시켜놓고
그날을 회상한다
용사龍巳년 진주성 전투
다 함께 기릴 수 있는…
동문 앞
광장을 복원 중이다
괜한 생각해본다.

◆◆◆
2005년 《시사문단》 등단. 시집 《나의 전생은 책사》 《육순의 마마보이》

보름달

도경희

선혈로 가슴 열어
선 채로 여문 가을

등에 강이 흘러
초와 향기
밤의 영혼과 함께
그림을 그리네

흘러온 영혼들
오붓이 둘러앉아
꿈처럼

나비처럼 가볍고
물방울처럼 빛나고
기도처럼 고운 그림

◆◆◆
2002년 《시의 나라》 등단. 시집 《말을 걸었다》 《데카브리스트의 편지》 등

멀리서 울고 있는 새소리
터벅터벅 걸어오는
사람들의 노고를 들어주고

물 머금은 보름달
흔들리는 도시의 꿈을
어둠에서 건져 올린다

part 2

강을 보고 누워

가을 지나고 가을

박기원

◆◆◆
2014년 《경남문학》 신인상 수상. 시집 《마리오네트가 사는 102동》《마추픽추에서 온 엽서》

직벽에 깃든 물새보다
사람에 깃든 사람이 위태하다

붉은 것은 곧 어두워진다는 걸까
여미어지지 않는 노을에 온몸 붉어진 왜가리가
가는 다리로 저어보는 먼 하늘 먼발치

푸른 것은 곧 깊어진다는 걸까
푸른 강에 몸 던진 뒤벼리* 물그림자의
앓는 소리 흐르고 흘러 아물지 않는 천년

마음 같은 바람보다
바람 같은 마음이 더 위태하다

빈 강의 물살 잡고 휘청휘청 일어서는 유등
언뜻언뜻 내비치듯 번지는 환상통

---

*뒤벼리: 진주 8경의 한 곳. 북쪽에 있는 벼랑이라는 뜻으로, 단애斷崖와 강물이 어우러져 절경을 이룬다.

송기원 진주냉면: 순조 1800년

박수영

◆◆◆
2019년 《가톨릭문학》, 2022년 《한비문학》 등단. 시집 《소금산》

살얼음 덮인 진양호의 비밀
켜켜이 평안한 아틀란티스

펼친 치마폭
방심할 때 풍덩
싹싹 뚝뚝 알싸한 기백

셰프와 백정 사이
하얀 리넨으로 짠 고명 아래
바위 주먹의 꿈을 기억하며

동그란 전원 버튼 터치

에어브러시로 흩뿌린 은하수
잠든 폭포 깨워 올리니

날씨의 희로애락에 숙성
서늘하게 통과하는 오선지

간밤의 꿈을 먹고 싶을 때
지하 보존서고에서 꺼내오지
열람한 고드름에서 음표 뚝 뚝

유등

박우담

은하수가 시작되자
사방에서 소문이 모여들었다
슬픔을 불러일으키는 물결에
레퀴엠이 쏟아진다

◆◆◆
2004년 격월간 《시사사》 등단. 시집 《초원의 별》 외

진주, 백로의 그루밍

박행달

남가람, 긴 강이 천년 고도 옷섶 풀어 헤치니
그 섶에 백로가 남가람 지난 시간의 윤슬 좇아 날고

남가람에 유영하고 있는 촉석 가장자리의 성돌
그 땅 희고 깨끗하여 선비들의 잦은 발자국 흔적들
남가람을 안고 있는 달 아래에 분포하여
보금자리를 꾸린 남가람 가장자리 대나무들은
지독했던 임진란, 그들이 남긴 배설물 그 독성에
백로 강에서 물고기를 먹고 대나무 숲에
임진년의 배설물을 삭히고 삭혀서
남가람의 강직한 기질의 시민으로
남가람의 충만이 가득한 시민으로
그래서 둥지를 튼 건강한 시민이 있는
달을 품고 있는 충효스러운 시민들의
천년 깃 우아함을 전 세계로 서로가 서로에게
날개짓 하면서 무한한 그림을 수놓는 진주晉州

남가람! 천년 고도의 달그림자 언덕 아래
34만의 우아하고 티 없는 선비의 기개 난다

◆◆◆
2007년 《문학예술》 등단. 시집 《삐에로의 일기》 《나의 유전인자》

달오름

배소희

◆ ◆ ◆
1997년 《경남문학》, 2000년 《현대수필》, 2017년 《시와 시학》 등단. 시집 《편백나무 숲으로》, 수필집 《사랑길》

화장 중
전광판 붉은 글씨가
무표정하게 뼈를 쓸어 담아 건넨다

오랫동안 잡고 있었던
손목을 비로소 풀며
봉인된 골함 안고
계단을 오른다

아무렇지 않은 듯
툭툭 털고 일어난다
달오름 걸음마다
당신이 망설인다

수목장 가는 길
들물 날물 달 잇새로
조금 전에 본 청곡사 나한상
슬그머니 옷자락 잡아당긴다.

유 등

백숙자

❖❖❖
2005년 《신문예》로 등단. 시집 《네가 닿을 때까지 나는 운다》

눈물 들킬까

주먹으로 우주를 가렸다

떨고 있는 어둠은 창백했고

앞이 보이지 않는 건 탓이라 했다

이유 없이 흘러온 것이 있겠니

심장 부르튼 속앓이
시간을 밀쳐버린 물굽이

밀쳐버린 시간이 억겁으로 흐르며

윤회하는 저 물무늬
덕분임을 생각해냈다

조금 느려도 괜찮겠죠

리듬으로 짜 놓은 물꽃

생명의 음계로 굽이치는

주먹을 펴면 보일까요

닿지 못한 저 너머까지 심지를 당기고

다시 대숲

성선경

◆◆◆
1988년 《한국일보》 신춘문예 시 당선. 시집 《햇빛거울장난》《네가 청동오리였을 때 나는 무엇이었을까》 외

대숲에는
실바람같이 일렁이는 마음이 있어
귀엣말같이 속살거리는 마음이 있어
도마 소리 밥 냄새 끊고
속리俗離를 한 듯
한 세상 어쩌면 선계仙界에 들어
영영 구름같이 절로절로 흘러서
자취 없이 흩어질 듯
진주 남강 변의 작은 대숲
지척간이라도 여기는 별유천지
이 작은 대숲에도 일렁이는 마음이 있어
귀엣말같이 속살거리는 마음이 있어
고함 소리 경적 소리 다 잊고
영영 속리俗離한 듯
아니 이대로 한 세상 선계에 들어
자취도 없이 영영 흩어질 듯
하마 속세俗世는 다 잊은 듯
몇십 리 대숲이 아니래도
대숲에 들면 대숲에만 들면
지척도 아주 천리만리인 듯
진주 남강처럼 절로절로 흘러서
관향貫鄕도 잊고 나이도 잊고
아니 영영 속리俗離한 듯.

남강

손윤금

432년 전 3,800명 횃불과 함께 띄운 등불이
붉디붉은 강물로 흘렀다고
한 번도 마른 적 없이 의암을 보듬고
진혼으로 기원으로 질기게 이어왔다고
굽이굽이 흘러 바다에 닿아 생명을 다할 때까지
민초의 젖줄이고
항쟁의 역사이고
애국의 증표가 되어
내일도 그다음 날에도 여전히
흐를 것이라고

저 빼곡한 불빛이 한 치의 거짓 없이 증언하고 있다

◆◆◆
2005년 《신문예》 시, 《문학세계》 수필 등단. 시집 《내일은 이곳에서 너무 멉니다》, 디카시집 《엄마의 남새밭》

논개

신승희

한 조각 세월을 베었던가
빛바래지지 않는 꽃잎
살아, 살아서 휘도는 너의 혼불은
어두운 밤, 빛의 향연으로 흐르고 있구나.

푸르디푸른 남강南江 저 홀로 솟은 바위
그대 한 잎 꽃잎으로 가을 강에 피었구나.

낙화한 숨결, 한 폭의 치맛자락
그대 숭고한 넋이여
그대 붉은 눈물이여
조선의 별, 충절의 꽃이여
죽어서 태어난 이름이여
죽어서 살아있는 논개여

저문 노을 아래 스치는 발자취는
은빛 물비늘로 일렁이는 것을
아, 서럽도록 노래하는 바람이여
이 세월 억만년, 두고 흐른다 해도
그 한 맺힌 설움, 어찌 잊힐리야.

◆◆◆

《한국문인》시, 월간 《문학세계》 평론 등단, 시집 《곰메바위 아리랑》 《설화》 등

진양호

신정균

하얀 추억 터뜨리는 천리향
첫 입술로

매화 붉은 꽃잎 열고
세상 밖으로 나오는 날
물방울 맺힌 것 말고

그녀 삼킨 눈물 이미

밤비 적신
2월의 남강 물빛 그리고
봄이 손짓하는 날개

꽃물 거슬러
호수에 번지는

촛농 가득한
매화 꽃잎

◆◆◆
2023년 《시인정신》 등단

저울
—진주형평운동

안화수

공평公平에 살고
공정公正에 죽는다

백정을 얹으면 양반으로
양반을 얹으면 백정으로
똑같은 무게로 눈금 맞춘다
진실을 단다
거짓을 단다
진실이 가벼우면 무겁게
거짓이 무거우면 가볍게
이편을 보면 저편도 보아라
곁눈질 말고 똑똑히 보아라
눈을 뜬 양심을 올리면
눈금은 잔잔한 물결이 된다

평정平正에 눈금을 하나하나 새긴다
저울눈에 한 마리 똥파리도 곁에 두지 않는다

◆◆◆
1998년 《문학세계》 신인문학상 등단. 시집 《늙은 나무에 묻다》, 《동백아, 눈 열어라》

유등流燈

양 곡

◆◆◆
1984년 《개천문학》 신인상, 2002년 《문예운동》 신인상. 시집 《덕천강》 외 3권, 산문집 《인연을 살며》

내 전생前生이 남강 위에 저렇게 유등으로 떠 있다고 생각을 하면
온갖 형상으로 전신에 불을 밝힌 채 강물 위에 떠 있다고 생각을 하면

석양에 물비늘이 반짝이기도 하는 남강 물 위의 저 유등들은
내가 죽고 난 뒤에도 한참 동안은 눈부신 아침 햇살에 저렇게

저렇게 함양 산청 산골 물소리를 가슴에 머금은 채 임진·계사년의 혼령들이
모여 '이 거리 저 거리 갓거리' '공평하라! 공평하라!' 아우성을 치다가

우짜것노!? 우짜것노!? 밤이나 낮이나 마음 졸이다가 분노를 삭이다가
저렇게 저렇게 고개를 숙인 채 지리산처럼 생각에 잠기기도 할 것이다

강을 보고 누워

예시원

별강江 벽계수처럼 그 사람
누운 얼굴 위로 산베개한
구름이 떠 있네 그려

볼따구니 오목하도록 장죽
물고 내품은 연기인지
구름인지 알 수가 없네

◆◆◆
2009년 《시와사람》 등단. 시집 《누가 바다의 이름을 부르는가》 외 다수

자연 남강은

오하룡

자연 남강은
나신裸身이다
자연 그대로
어디 한 곳 추한 데 없고
부끄러운데 없는

헌데 무엇이
부끄러움을 가르쳤는가
바람인가 구름인가
낙원 추방당한
저 창세기 누구처럼
어설픈 단장이 낯설구나

◆◆◆
1975년 시집 《母鄕》으로 등단. 시집 《몽상과 현실 사이》《시집 밖의 시》 등

너무 슬퍼서 아름다운
—논 개

우원곤

그날따라 하늘은 너무 맑았다
내심 푸른 하늘을 보며 마음을 다잡았다
민초들이 외세와 맞서면서 굴하지 않고 나라를 지키는데
보잘것없는 한목숨을 바쳐 한 힘을 보태리라
마음을 다잡았지만 여린 몸이라 푸른 남강물이 더 깊게 느껴져
무서웠으리라
하지만 굳은 마음을 감춘 채 미소를 띠며 순절하다
붉은 배롱나무꽃 강물에 지다
아니 지는 것이 아니라 푸른 하늘 속으로 피어나다
하늘이 너무 맑아서 슬픈, 시월상달에 향 하나 사르며
유등을 띄운다.
여린 마음 너무 슬퍼서 아름다운 임에게.

◆◆◆
2003년 《한국문인》 신인상. 시집 《칼새》, 공저(8인) 시집 《비탈진 잠》 외 2권

part 3

물과 불이 만난다는 것은

논개를 찾아서

유 담

◆◆◆
2007년 《수필과 비평》 신인상. 수필집 《기둥과 벽》, 시집 《각자 입으로 각자 말을 하느라고》

강물에 머리를 푼다
불빛 강물에 드리우고
깊이 잠든 여자를 찾는다
강물에 흐르는 저고리 고름 한 짝
등불이 풀려
깊이를 재고 있다 흔들리는
그 여자의 잠
못다 한 삶이 아직도 강물을 따라가고 있다
가락지마다에 맺은 의지는
한 오리 나비의 추임새로 남아
등불에 실려 흔들리고 있다
살풀이 한 자락으로
위로가 될까
등불의 색깔대로 흔들리는 머릿결
강물의 깊이만큼 젖어든 머리
붉은 물결로 더 붉다
푸른 머릿결 더 푸르다
물결로 흔들면
그 여자의 잠을 깨울 수 있을까

달군 철판에 두른 들기름 냄새가

윤덕점

달군 철판에 두른 들기름 냄새가 난다
한쪽씩 죽죽 찢어 아무에게나 나눠줄 배추전 같은
일몰의 하늘이 남강으로 내려와 번들거린다

너나없이 입을 우물거리며 싱긋 웃는 듯
저녁 강으로 번지는 고소함

내 생각 알겠다는 듯
툭
툭
튀어 오르는 붕어거나 왜가리
그들도 함께 물들어
금빛 몸으로
남강물을 밀고 하루를 넘어간다

나도 주황으로 물들어 번진다

◆◆◆

2003년 《시의나라》 신인상, 시집 《마로비벤을 꿈꾸다》 《그녀의 배꼽 아래 물푸레나무가 산다》

서장대西將臺 불빛 따라

윤홍렬

그때, 나는 가끔 어둑어둑해질 무렵이면 생각 없이 거리로 나서 선술집 할매가 부쳐주는 지짐 한 조각에 주위를 힐끔거리며 막걸리 한 사발 마시고 서장대에 올라 무심한 듯 흐르는 남강물만 덧없이 바라보다가 성城 벽 돌이었을 담장에 기대어 깜빡 잠이 들곤 했다. 설핏 스치는 바람결에 소스라쳐 어둠에 잠긴 창렬사彰烈祠 주변을 돌다가 터벅터벅 거리로 내려오면 뒤에 남은 서장대는 자취를 감추고 없었다.

강물 따라 세월 흘러, 불빛들이 남강을 감싸고 성벽 따라 오르다 서장대에서 우뚝 솟구쳐 다시 성벽 따라 내리면, 그때의 답답한 적막과 까닭 모를 울분과 헤어날 수 없을 것 같았던 외로움이 유등流燈 되어 흘러간다. 가슴에 밝게 빛나는 유등 하나 품으면 서장대에서 성벽 따라 흘러내리는 불빛이 발길 밝혀 창렬사 주변을 돌다가 터벅거리지 않고도 거리로 내려서서 뒤에 남은 서장대가 빛나고 있음을 안다.

◆◆◆
2011년 《서울문학》 신인상 등단. 시집 《흐르는 길》

길 위에서

이경희

◆ ◆ ◆
1995년 《진해문학》 시, 1999년 《한국문인》 수필 등단. 시집 《우리 사랑 들꽃처럼》, 수필집 《얘들아, 정말 잘했어》

물은 길을 열어주고

길 위에 삶은 생명의 환희다.

강물이 미끄러져 산야를 품고

천지의 만물들은 원시의 자태를 뽐낸다.

시련과 어둠 속에서 광명이 있고

민초의 둥지를 틀고 뿌리를 내리는 혈연은

한반도의 유구한 삶의 언저리다.

거센 상흔이 쓸고 간 자리마다

지천에 흐드러지게 핀

저 꽃들도

오색찬란한 산야도

외세에 굴복하지 않은 선열들의 발자취

남강의 맑은 물이 빚어내는 소리에

가만히 역사를 들여다본다.

한없이 낮게 흐르는 강물의 유구함

형언할 수 없는 왜구의 상처를 간직한

진주성의 함성이 역사 발전의 화수분이 되었다.

혼탁한 세상 큰길 열어가는

역사의 강물에 흔들리지 않는

바른길의 역사를 물려주는 것

오늘도 그 길에

한 줌의 꽃씨를 뿌린다.

유등·7
—논 개

이명호

적장의 목을 껴안고 강물에 투신한
거룩한 생애
죽어도 영원히 살아 빛나는 영혼의 등불은
오늘도 남강을 유유히 비춰주는구나!
저 물결 너울을 헤치고 헤쳐 보면
사백 년 전 그때를 볼 수가 있을까
조선의 끓는 피 분노의 투사여!
피맺힌 절규, 영구불멸의 귀감이여!
애달프도록 가련한 슬픈 전설이여!

◆◆◆ 1992년 《문학세계》 등단. 시집 《말이산의 봄》 외 5권

강물 의자
—유 등

이미화

강물이 깔아놓은 의자에 앉아
등을 켜는 저녁

슬픔은 슬픔대로 기쁨은 기쁨대로

순서대로 앉아 있다

사거리 신호를 무시하고 달린 배달통 쇳소리
퉁퉁 부은 보험설계사 발목
다양한 상처가 앉기에
알맞은
저 붉은 의자 부족함이 없다

앉으면
세상의 어떤 의자보다 편안하고 안락해진다

이유야 댈 필요 없고
달빛 아래
간절한 마음

저기 강물이 내어준 의자에 욕심도 미련도 후회도 다 앉아 있다

내가 앉을 자리도 저기 어디쯤이란다

◆◆◆
2010년 《경남신문》 신춘문예 당선. 시집 《치통의 아침》 《그림자를 옮기는 시간》

물과 불이 만난다는 것은

이서린

◆ ◆ ◆
1995년 《경남신문》 신춘문예 시 당선. 시집 《저녁의 내부》《그때 나는 버스 정류장에 서 있었다》

물이, 불을
불이, 물을 끌어안는다는 것

섞일 수 없다 하여도
서로를 다치지 않는 법을 배워
곁을 주며 함께 가는 것이다

무릇 상생이란 그런 것

맑은 물도 구정물도
빗물도 한데 스미듯이
불빛이 사방에 온기를 전하듯이

강물은 빛을 실어 세상의 끝을 가고
빛은 강물에 몸을 맡겨서
어두운 기슭까지 밝히는 것이다

천년이 흘러도

이신남

물결 위로 꽃 핀다
곱디고운 꽃보다 더 붉게
어둠이 보내준 빛의 선물이다
결을 알고 결을 읽어 내릴 때
살결로 파고드는 뭉클함

바람결, 물결, 숨결
전부를 감싸 안은 채
천년이 흘러도 시들지 않을
열 손가락 가락지가 피운
한 송이 꽃

◆◆◆
2004년 《문학세계》 등단, 시집 《가슴에 달 하나는 품고 살아야지》《울지 마라 잘 살았다》 등

청천강* 유등

이용호

유등축제 열리는 상달
선학산 먼뎅이* 좌선하고
하염없이 바라본다

촉석루 옛 성터 밝혀주는
한땀 한땀 사랑 수놓는다
청천강 늘어선 유등

휘황찬란한 불빛들
정처 없이 흘러가네
물결 따라 뒤뚱뒤뚱

물 지고 꽃 지니
그대 또한 멀어져 가네
굽이굽이 흘러 흘러가니

＊청천강 : 진주 남강의 옛 이름.
＊먼뎅이 : 꼭대기(마루)의 경상도 지역 방언.

◆◆◆
2007년 《문학 21》 시, 2016년 《한국공무원문학》 시조 등단. 시집 《옮겨 심은 꽃동지 딧뻔덕 멋슴아》《꽃과 나비 되어》 등

등대

이월춘

사리*와 조금*에 세상의 단맛 쓴맛 가리다가
내 삶의 문법을 제대로 세우지 못했다
불친절한 비와 바람에 이따금 울먹이던 문장들
손바닥 크기의 수신호를 놓쳐
온 마음으로도 어둠 뭉치 건져 올리지 못해도
먼 집어등 불빛에 순풍을 얹어
안도의 계절이 인내의 등짐을 지고 오신다
문장부호 하나 제대로 읽지 못하는 밤
해협을 건너오는 세상의 언어들을 위해
은빛 날개와 울음으로 갈매기가 날면
무엇이 우리를 데리고 가는지 비로소 알게 된다
국경을 넘은 불빛에 자갈 쓿는 소리
물 위에선 배들만 길을 잃는 것이 아니다
밤 수평선 푸른빛 진해지면
바닷가 언덕 위 지붕 낮은 집들의 불빛
조곤조곤 엮어가는 따스한 삶에 별이 내려오신다

*사리(대조大潮, spring tide)는 조수의 차가 가장 클 때, 조금(소조小潮, neap tide)은 조수의 차가 가장 작을 때.

◆◆◆
1986년 무크 《지평》 등단. 시집 《기억은 볼 수 없어서 슬프다》 외. 시선집 《물굽이에 차를 세우고》 등

진주 남강

이점선

63세의 강물이 왜가리 한 마리 세워놓고 기다린다
성큼성큼 걷다가 목을 주욱 빼면서 기다린다
다가가면 가만있다가 내가 가만있으면
날개를 펼치며 사라진다
20세의 강물에선 광목을 삶아 빨던 너럭바위로
찰방찰방 물을 퍼 올리며
고단한 삶을 거들어 주기도 했다
"재첩국 사이소"
"두부 왔심미더" 외치는 소리가
따뜻하게 데우면 그때 낮은 지붕의 골목에서는
구김살을 조금 지운 얼굴로 문을 열던 사람들
그 풍경이 영화 속인지 기억인지 가물가물하다고
물속을 들여다보며 걷는다
강물은 나이가 없다 큰 나이와 작은 나이가 섞여서
그저 흐르고 있다 63세의 강물은
그저 무심히 흐르는 나이를 배우고 있다

◆◆◆
2004년 《시와 세계》 겨울호 현대시 등단. 시집 《안개기법》

산 37번지

이진주

◆◆◆
2021년 계간 《시와 편견》 등단. 시집 《몰래 들여다보며 꼬집고 싶다》 《목소리》

마디마다 입김을 불어주는 봄
연두 잎새 틔울 수 없네
숨차게 달려온 사람이 머물던 숲이 쓰러진다
품이 사라진다

공룡인가 했지
대가리를 흔들며 숲을 거세하는 금속 기계들
산을 거꾸로 세웠다 다시 주저앉히네

사피엔스는 쓰러져야 진화가 멈춘다는데
서서 멈추는 생을 본다
구호를 외치며 쓰러져간 사람들
선 채로 지혜를 멈추는 것, 스러지는 것은
어둠이 된다

산 37번지
숲이 사라지자
오래된 집들이 유적처럼 나타난다

사람들은 지우개 없이도
꽃을 지우고 잎을 지우고 수백 년 역사를 삭제한다
자연을 향유하다
자연을 파괴하는 호모사피엔스

그럼에도
봄의 색조는
아무도 따라할 수 없네

유등

임신행

◆◆◆
1970년 《서울신문》 신춘문예 동화 당선. 시집 《동백꽃 수놓기》 《버리기와 버림받기》 등

심상의
연꽃이다.
아니
우주다.

불미스러운
세상의 크고 작은 일들을
한 잎 두 잎 잘라 내고 탄생한 소망의 유등流燈
아니 우주

시월의 진주는
거대하고 성스러운 연밭이다.

밤이면 눈부시게
흘러 흘러가는
연꽃 강물
유등流燈 강물
아니 우주의
진주 남강

하 많은 우주들이
두둥실 떠올린 저 찬란한 촉석루!

어디
우리만 볼 것인가?
누구나 다 오셔
오셔.

남강 대숲을 깔고 앉아
생각만 해도
마른입에 침이 이는
그 푸른
땅끝마을
쪽파

꿈속까지 파도 소리 그윽한
통영 마을
굴

실향의 아픈 마음 달래주는
소래포구
조갯살
과즙이 칠칠한 진주 문산 마을
달덩이 배
밀가루 반죽에 다 넣어 비빔 하여
지글지글 지진
진주 파전에 솔잎 막걸리 한 잔 드시게

어디
유등이면 다 유등인감
시월의 진주 사람이 치성껏 마련해
훤하게 떠올린
저 유등들이 비로소 유등이지

진주횟집

장인숙

세상살이 팍팍하다가도
살랑살랑 찬 바람 불어오면
전어 한 접시 하자는 말
서운했던 관계도 풀고
더위로 지친 몸에 기름칠도 하고
기름칠 중에도 가장 뜨거운 일
소주 한 잔 권커니 잣거니 정 나누면
모든 게 잔잔한 바다가 되는 거지
항구 같은 마음 되는 거지
작년도 올해도 그 몇 해 전도
그렇게 풀고 살았던 거지
인생살이 막막하다가도
이런 날 있으니 살아지는 거지
웃으며 또 살아가는 거지

◆◆◆
2002년 《문예한국》 등단. 시집 《괜찮습니다》 외 2권

진주에는

정삼조

◆ ◆ ◆
1997년 《현대시학》 추천으로 등단. 시집 《그리움을 위하여》 《느리게 가는 경주》 《봄날의 뜨락을 비추는 달빛》

진주에는 논개라는
사람의 넋이 있어
사람들이 빛나겠다

촉석루 장엄한 곁에는
논개 사당이 있어
진주가 더 진주 같고
의암 아래 떠가는 강물도
더 푸르겠다

진주 사람들은
논개의 마음을 담아
등으로 강물에 띄울 줄 안다

유등은 가물히 흘러
바다에 닿아 온 세상을 향하겠고
남강물에 크게 만들어 띄운 등은
세상을 밝게 비추겠다

진주에는 논개라는 사람의 넋이
여전히 살아
의암 앞 흐르는 물에 뜬 유등이 있고
가을은 해마다 더 빛나겠다

part 4
진주의 달밤 등불

유 등

정삼희

아무리 저 달빛 환해도
강 건너 불 밝히며 떠내려오는 유등만 하리
아무리 별빛 환해도
까만 밤 촉석루 오매불망 전해오는 소식만 하리
아무리 유등 환하게 밝혀도
붉은 진주성 계사순 순절한 7만 넋만 하리
왜장 안고 뛰어내린 열 옥가락지 여백만 하리오

◆◆◆
2002년 《문예한국》 등단. 시집 《판도라 여인》 외 8권

유등

정영혜

나의 메마른 목젖으로
북극성을 훑는다

유성이 지나간 자리에서

하이에나처럼 꼬리를 흔드는
나침반에서

길이 생겨난다
너와 나의

기억을 반추하는 시간

어둠의 긴 동굴에 추락한 불씨 하나

물의 시녀들이 횃불을 든다
통통한 물의 줄기를 든다

일곱 개의 별이 생명의 악기를 켠다

◆◆◆
2019년 《개천문학》 신인상

진양호 노을

정진남

◆◆◆
2012년 《서정과 현실》 등단, 시집 《성규의 집》

내 귀는 16살 먹은 당나귀만큼 커져 있었네

이제 막 젖니가 돋아나는 한 마리 짐승이었네

어머니의 눈은 충혈되었지만 쓰러지는 해울음 듣지 못했네

그녀의 두근거림 듣지 못했네

원추리 꽃물로 시를 쓰던 어머니
크고 작은
싸움에 모두 패했네
산을 넘어가셨네

빈 독을 긁으며 모두 울었네

그녀의 제삿밥을 비벼 먹을 때

속부터 상한 어둠이 온몸을 살라 타오르고 있었네

귀가 먹었으므로

유등

정현주

빨주노초파남보 알록달록
기도하듯 손으로 올리고 또 올린 배접
정성의 색깔이 저마다 아름다운 밤
남강에서 올라온 등

2022년 《시詩가 흐르는 서울》 등단

진주의 달밤 등불

조종명

사람마다 살아가는 법이
하늘에 떠 있는 하나의 달을
보는 것과 같네 그래서
강마다 달이 떠 있는지 몰라
구름에 가렸다가 나오는
저 달을 보게
살아가는 고비 돌 때마다
인생의 맛을 느끼고 깨달아왔네
자네 오늘 밤
이디에 있는가
강물엔 등불이 흐르고
고개 들어보면 구름 헤치는 달이 있는
깊어가는 가을밤
자네와 새도록
남강 물가에 앉아 있고 싶네

◆◆◆
1992년 《농민문학》 신인상 당선. 시집 《꽃잎 지는 봄날의 외출》 외 5

유등

조향옥

❖❖❖
2011년 《시와 경계》로 등단. 시집 《훔친 달》 《남강의 시간》

불꽃, 혼불, 눈물, 댓잎, 낙엽, 노래
눈물, 혼불, 불꽃, 노래,
진주의 그림자

동동 동동
동동 동동

유등·24

주강홍

하늘의 별들이 내려앉아 불빛으로 섰다
별이 되고픈 것들이 모조리 따라 섰다

나도 한쪽 다리를 걸치고 비집고 섰다

왜가리 한 마리 목 고개가 물음표로 섰다

강은 흐르는 것을 잠시 멈추고
무게를 감당한다

잔잔한 물결의 말씀이 애잔하시다

◆◆◆
2003년 《문학과 경계》 등단. 시집 《망치가 못을 그리워 할 때》 《목수들의 싸움 수칙》

너의 눈
—유등

주선화

지금 어둠은 열대야로 들끓고 있어도
너의 눈은 반짝거려도

어두워 보여

온기도 없고
기다림도 없고
생기도 없이

그래서 슬퍼 보여

향기 나는 것 같아도 향기도 없이
감정으로만 넘쳐나

덤덤하게
익숙하게

◆◆◆
2007년 《서남일보》 신춘문예 시 당선, 2007년 《시와 창작》 신인상 등단. 시집 《까마귀와 나》, 디카시집 《베리베리 칵테일》

히스토리 history
―논개바위에 대한 소묘 · 10

천융희

◆◆◆
2011년 《시사사》 등단. 시집 《스윙바이》, 디카시집 《파노라마》

그날 이후

단단한 침묵이다

아니, 외마디 고요한 함성이다

시간의 더께 위로

여태껏

써

내려가는

통점의 역사서다

밥 묵고 하자

천지경

새벽 5시 출근길에 본 한 장면
불빛도 피곤한 야시장 먹자 골목길
밤새운 유등도 지친 기색 역력하고
해쓱한 얼굴의 처녀애
골목길 뒷문 향해 소리친다
큰오빠 다 했어?
밥 묵고 하자
얼룩 진 비닐 앞치마 두른 사내
그래 밥 묵고 하자 한다

이 세상에서 가장 고달프고
정다운 말 하나

밥 묵고 하자

◆◆◆
2009년 《불교문예》 신인상 수상. 시집 《울음 바이러스》

폭죽

최양호

캄캄한 밤
화려하게
터지고 있다

남자와 여자,
젊은이와 늙수룩한 분들,
아이들의
가슴 깊은 곳에서
힘차게 솟아올라
아름답게,
찬란하게.

사투死鬪로 살아있는
진주성,
눈부신 날들이
빛을 내기
시작했다

펑 펑 펑

◆ ◆ ◆
2006년 《문예운동》 신인상 수상

남강의 밤

최인락

❖❖❖
2015년 한국공무원문학협회 시조 등단. 시·시조집 《새소리 시 소리》《너울 여지도》 등 8권

편안히 쉴 남강 둔치에
어둠 헤치며 건강 찾아 몰려드는 사람들
땀을 흘려야 건강이 보인다며
온몸에 달라붙은 이 밤을
땀으로 씻어도 그대로라

거울이 흐르는 넓은 수면에
어둠이 무겁게 눌릴 때
잔잔한 물결은 짙은 밤이 싫어
수많은 싸락 별을 따 모아
반짝반짝 비늘 갑옷으로 무장을 한다

가로등도 앞길을 환하게 밝히고
열대야도 구월의 밤을 삼키는데
강물은 너울 별을 털어가며
반짝반짝 파도타기 해
오늘도 남강의 야경은 멋지게 익어 간다

자꾸만 꺾어지는 남강을 바라본다

최형일

회색 달빛이 점묘하듯 흐른다.
방바닥에 엎드린 흘려 넘긴 책갈피 따라
비닐 장판에 꾹 눌러쓴 자국이 점자처럼
돋는다. 가뭇하게 엷은 가로등의 기억이
희다. 다 닳은 모래알의 침식을 읽어가듯
파래진 이끼들이 입술을 깨물어 읊조린다.
어금니를 던져놓은 고향 집 초가지붕 위로
자꾸만 목이 꺾이는 초병의 그리움을 따라가면
이랑이랑 감긴 눈길에 내 젖무덤이 팽팽해졌다.
멀리 두고 온 식솔들의 저녁이
알 수 없는 흐린 날처럼 가슴을 문질러 놓고
아득한 물길을 점묘하듯 결결마다 흘러들어
복판에서 바깥으로 점점이 물빛이 번진다.

◆◆◆
1990년 《시詩와 의식意識》 등단. 시집 《나비의 꿈》

동행

허미선

가을 초입 그림자 길어지는 저녁 즈음
낮은 자리에서 시작된
불기둥이 솟는다

다른 눈 다른 입 다른 귀 다른 손발
회색 인간 침통한 슬픔에게도
공평하게 마법 융단을 깔아주며
초록 향이 번지는 푸른 등이 켜지고

태곳적부터 울음 울던 그곳에서
또로로로롱
찌르 찌르르릉
쓰르 쓰르르르
풀잎에 또르르 떨어지는 이슬방울 소리 같은
청아한 소리 등이 세상을 밝히면
산딸나무 새빨간 열매가 톡톡톡
뎅그렁 뎅그렁 열매 등을 켜는 시월

잘 여문 마음
진주 남강 맑은 물에 꽃등이 흐른다

◆◆◆
1995년 《문예사조》 등단. 시집 《굵은 웨이브머리카락》, 동시조집 《병아리처럼 쫑쫑 와서》

다산의 강

황숙자

◆◆◆
1993년 《시와시론》 등단. 시집 《뭉클》

낭창한 밤이 유등을 품고 있다

물속에서도 빛나는 저 붉은 숨

총총 빛의 씨앗이다

시월 상달 보름달

강은 사람들을 불러 모셔다

거룩한 아랫배를 자꾸 쓰다듬으신다.

| 문학강연 |

우리에게 감동을 주는 시를 찾아서

이승하 시인, 중앙대 교수

1984년 《중앙일보》 신춘문예 시, 1989년 《경향신문》 신춘문예 소설 당선. 시집 《사랑의 탐구》 《공포와 전율의 나날》 《뼈아픈 별을 찾아서》 《생애를 낭송하다》 《예수·폭력》 《사람 사막》 외 다수. 평전 《최초의 신부 김대건》 《마지막 선비 최익현》 《진정한 자유인 공초 오상순》 외. 현재 중앙대 문예창작학과 교수

저는 중앙대학교 문예창작학과에서 학생들에게 시 이론과 창작 실기를 지도하고 있습니다. 교수라는 직업을 갖고 있지만 그것은 직업일 뿐, 제 스스로는 시인이라고 생각하며 살아가고 있습니다. 1984년에 《중앙일보》 신춘문예에 〈화가 뭉크와 함께〉라는 시로 등단했으므로 40년째 시인으로 살아오고 있답니다.

진주에서 시를 쓰고 계신 여러분들에게 어떤 얘기를 들려드리면 좋을까 여러 날 고민했습니다. 저는 청소년기에 네 번 가출을 했고 세 번 자살 기도를 하는 등 엉망진창의 삶을 살아 모범생과는 거리가 멀었지요. 여러분들에게 도움이 될 만한 이야기는 한마디도 해줄 수 없는 처지라 대단히 미안합니다. 여러분의 문학적 발전에 도움이 될 이야기를 펼쳐놓기 전에 잠시 그때 그 시절을 회상해보고 싶네요.

집안 환경이 어두웠던 탓에 고등학교를 딱 두 달만 다니고 가출을 시도, 서울 구경을 난생처음 했습니다. 이른바 '무작정 상경'이라는 것이었는데, 독서실에서 새우잠을 자며 살아가다가 돈이 떨어져 대학생인 형한테 도움을 청한 것이 잘못이었지요. 아버지가 형에게 이미, '승하가 나타나면 곧장 집으로 연락해라'고 말을 해두어 저는 고향 김천으로 끌려 내려오고 말았습니다. 저의 고등학교 시절은 그 뒤에도 세 번 더 행해진 가출로 끝나버렸습니다. 다행히도 검정고시를 거쳐 대학에는 들어가게 되었는데 우연히 선택한 곳이 중앙대학교 문예창작학과란 데였습니다. 제 인생이 완전히 바뀐 계기가 대학 선택이었던 것이지요. 저는 둔재고 범재여서 문예지 신인상이며 신춘문예 등에 시와 소설을 계속해서 투고, 사십 몇 번을 떨어진 끝에 《중앙일보》 신춘문예에 간신히 당선하여 등단했습니다.

저의 성장기, 청소년기, 습작기 그 어느 시절을 회상해보아도 저 자신의 체험 안에서는 교훈 삼아 들려드릴 이야기가 없습니다. 하는 수 없이 저는 여러분에게 제가 요즘 관심을 갖고 있는 세 부류 사람들이 쓴 시에 대해 이야기를 들려드릴까 합니다.

  저는 2009년부터 2019년까지 11년 동안 안양교도소를 비롯한 이런저런 교도소와 구치소에 가서 이른바 수용자들에게 시창작 실기지도를 했습니다. 사춘기를 조금은 어렵게 통과했었고 제 딴에는 우여곡절이 있었기에 그들에게 용기를 주고 개과천선의 길로 인도하고 싶은 생각이 들었기 때문입니다. 제가 사형수나 무기수를 직접 지도한 적이 없어서 그런지는 모르겠지만 대체로 재소자들은 머리가 아주 영리해 들어와 있는 사람과 의지가 박약해 들어와 있는 사람들로 나누어지더군요. 돈을 내가 노력해서 벌지 않고 남의 포켓에 들어 있는 것을 감언이설로 내 포켓으로 옮기려는 사람은 전자입니다. 치밀하게 연구해서 범죄를 저지르는 사람들이 있습니다. 그런데 욱하는 성미를 못 다스려 사고를 치는 사람들은 성장환경에 문제가 있는 사람들입니다. 가정교육을 잘못 받아서 인내심을 기를 수 없었던 것이지요. 특히 후자는 칭찬을 받아본 적이 거의 없던 사람들입니다. 제가 참 괴로웠던 중학생 시절, 저를 줄기차게 칭찬해주셨던 권태을 선생님을 생각하면서 저는 정말 그들을 진심을 다해 대했습니다. 마약사범과 성폭력범 중에도 의지가 약한 사람들이 있습니다. 그들의 마음 깊숙한 곳에 숨어 있는 선심, 동정심, 협동심, 희생정신 같은 것을 끄집어내는 역할을 했습니다. 펜과 종이를 주면 그들은 무엇인가를 쓰는데 글을 쓸 때 그들의 마음은 정말 착합니다. 그 글을 읽게 하면 동료들이 큰 박수를 쳐주지요. 저도 그들과 마주하면서 칭찬을 아끼지 않습니다. 프로그램이 끝나 그들과 헤어진 이후 주고받은 편지가 100통은 될 텐데 이사할 때 사라지고 지금은 십여 통 갖고 있습니다. 인사도 많이 듣고 박수도 많이 받았지만 저는 답장을 쓸 때 꼭 제가 쓴 책이나 그분들에게 힘이 될 책을, 예컨대 《좋은 생각》이나 《월간 에세이》 같은 책을 함께 드립니다. 출소하면 다들 바쁘게 살아가느라 연락이 끊기지만 그분들은 시를 써본 경험을 아주 소중하게 생각할 겁니다. 저는 그분들의 글을 성의를 다해 평가해주었고 그들의 말을 귀 기울여 들어주었습니다. 서울남부구치소의 수용자 모씨는 시 〈숨바꼭질〉을 제출했습니다.

> 퇴근하고 집에 들어섰는데 딸이 달려와 안기면서 숨바꼭질을 하자고 한다.
> 아빠가 술래라고 하며 백까지 세라고 한다. 나는 벽에다 이마를 붙인 채 '무궁화꽃이 피었습니다'를 열 번 외친다.
> 그 사이 어디론가 향하는 딸의 발자국 소리. 어디에 숨은 줄 알면서도 모른 척해준다. 딸은 아빠가 진짜로 못 찾는 줄 알고 기뻐하면서 잘도 숨어 있다.
> 지금은 딸이 술래다. 많이 찾고 있는데 눈에 안 보이나 보다. 아빠가 너무 꼭꼭 숨었나?

제목이 '숨바꼭질'인 이 작품을 쓴 '썬'이라는 이는 담담하게 낭독했지만 나는 박수를 크게 치면서 재소자들의 박수를 유도한 뒤에 칭찬을 아끼지 않았습니다. 이 시의 묘미는 제일 끝 단락에 있습니다. 어린 딸에게 엄마는 아빠가 큰 죄를 지어 교도소에 수감되어 있다고 말해주었을까요? 그렇지 않을 것입니다. 딸은 '나랑 숨바꼭질 놀이를 하던 아빠가 어디 갔느냐?'고 엄마에게 물었을 법합니다. 엄마가 어린 자식에게 가장 많이 해주는 거짓말이 외국에 돈 벌러 갔다고 하거나 원양어선을 탔다고 하는 것이라고 합니다. 한 달이 가고 두 달이 가고 한 해가 가고 두 해가 가도 오지 않는 아빠를 딸은 기다릴 것입니다. 꼭꼭 숨는다는 표현에 숨은 너무나 깊은 어둠 이미지에 독자의 가슴이 쿵, 하고 내려앉습니다. 어두운 곳에 숨어 있는 아빠를 술래가 된 딸이 찾고 있는 장면은 '감동'이라는 정서가 아니고선 도저히 설명할 길이 없습니다. 서정시抒情詩는 감정의 교류가 목적이어야 하는데 충분히 그것을 달성했습니다. 끝부분에서 행한 일종의 반전이 이 시의 가장 큰 묘미라고 했더니, 덤덤한 표정을 짓고 있던 재소자의 표정이 금세 환히 밝아졌습니다.

첫눈이 펑펑 내리는 오늘도
팔순이 다 된 아내가 면회를 왔다.
아내가 꽁꽁 언 손바닥을 면회실 유리벽에 대면,
나도 따라 찬 유리벽에 손바닥을 맞댄다.
가슴이 뛰고 아프다.

"나는 잘 때가 제일 좋아요."
그때는 그 말이 무슨 뜻인지 몰랐었는데
내가 영어囹圄의 몸이 되어 고달프게 살아보니
나도 이제 잘 때가 제일 제일 좋아요.
고생한 당신을 그때는 몰라줘서 미안해요.

이제는 돌아가면 내가 무엇이든 하리다.
다짐하며 세탁하는 법도 배우고 옷도 접고
요리도 배우고 모든 정성을 당신께 바치렵니다.

새해에는 동갑내기 일흔여덟이 됐네요.
업어주고 안아주고 활짝 같이 웃고 싶어요.

짧은 시간이지만 걱정해주고 웃어주는
당신 오는 날 손꼽아 기다리며 산다오.
2년을 꼬박 다닌 당신 덕에 나는 버티었다오.
여보, 사랑해요.
나도 찬 유리벽에 손바닥을 맞댄다.

─〈면회〉 전문

칠순의 홀어머니와
바다로 여행을 떠났다.
어머니의 생애 같은 가파르고 굽은
국도를 휘돌아서 바다에 도착했다.

어머니의 저승꽃 핀 얼굴이
잠시나마 환해졌고
오랜 인연을 헤아리며
바다를 배경으로
마지막 삶을 사진에 담았다

한 올 한 올 스민 백발의 고단함이
외롭게 서 있는 등대 불빛으로 눈부시다
저승 밥을 위함인지

밥 반 그릇도 남기셨다.

　　　　　　　　　　　　　　　　　―〈어머니와의 여행〉 전문

3년 전 여름 엄마는 말했다
더위 많이 타는 아들 힘들어서 어쩌니

2년 전 여름 엄마는 말했다
더위 고생 잊지 말고 착하게 살아야 한다

1년 전 여름 엄마는 말했다
더위 고생 마지막이니 힘내라 아들

올해 여름 엄마는 말씀하시겠죠?
더위… 아들과 함께여서 행복하다고

엄마 고맙습니다
그리고… 사랑합니다

　　　　　　　　　　　　　　　　　―〈엄마의 여름나기〉 전문

이 죄인을 죄인이라 부르지 않고
아들이라 부르시는 어머님은
천사가 맞으시죠
늦었지만 불러볼 수도 만져볼 수도 없지만
진심으로 사랑한다고

죄인이 아닌 어머님의 아들로 고백합니다
사랑합니다 그리운 어머님!

―〈천사가 되신 어머님께〉 부분

행복으로 열 달 동안
인간 꼴을 품으시고
산고를 더없이 기뻐하며
이 세상에 한 생명으로
나를 탄생시키셨다
밤낮으로 지구는 돌았고
순하디순한 아기였을 땐
내가 어머니의 햇살이었다

―〈어머니〉 부분

　제가 2016년에 낸 시집 《감시와 처벌의 나날》은 절반이 재소자를 소재로 한 시구요, 절반이 정신병원에 수용된 환자분들을 보고 쓴 시입니다. 시가 대체로 어둡지만 밝은 앞날을 꿈꾸는 그분들의 희망을 노래한 시도 적지 않습니다. 저도 순간의 실수로 재소자가 될 수 있으니까요. 저는 그분들이 이왕 죄를 지어 죗값을 치르게 된 것을 안타깝게 생각하지만 더욱 안타까운 것이 우리나라 범법자들의 재범률이 아주 높다는 것입니다. 한 교도관이 관리하는 재소자의 수를 줄이는 등 교도행정에도 개선점이 필요하겠지만 시 치료, 그림 치료, 음악 치료, 연극 치료 등이 확대되기를 바랍니다. 직업교육만 열심히 시킨다고 다들 나가서 직장을 구하는 것이 아닙니다. 마음을 완전히 고치는 올바른 문학 교육, 인문학 교육이 필

요합니다. 교도소장님들의 의지가 있어야지 시 치료 프로그램이 이뤄지는데 대개 단발로 끝나더군요. 코로나19 바이러스 사태가 난 이후에 예약되어 있던 몇 군데 교도소와 군부대에서 보류 연락이 왔는데 아직 연락이 없는 것을 보면 담당자가 바뀌었는데 이 일은 업무 인수인계가 안 되었나 봅니다. 이제 소년원 아이들이 쓴 시를 보겠습니다.

엄마는 늘 내게 아버지 같은 분

다른 애들은 아버지랑 주말에 놀러 가는데
난 가지 못해 늘 서운했다

면회 오신 어머니가
내 모습을 보곤 함박웃음을 지어 주셨다

뒤돌아서서는 몰래 눈물 훔치셨다
처음 가슴이 무너지는 느낌을 받았다

아들을 소년원에 두고 돌아가는 엄마의 가슴도
무너지고 있었나 보다

—영원한 준, 〈엄마〉 전문

어릴 적
아버지는 영웅이었다
세상에서 제일 힘이 세 보였고

가장 착하고 무서웠다

나는 이런 아버지가
영원할 줄 알았다
내가 커서 보니
아버지가 가끔
한없이 작아 보인다

소년원에 왔을 때
아버지께 맞아서 눈물이 났다
아파서 운 것이 아니라
너무 안 아파서 울었다

—환, 〈아버지〉 전문

누군가에겐 그립고
누군가에겐 따뜻한
나에게 가슴 아픈 한마디
내 아들 아프지 마

지금은 듣지 못할 한마디
내 아들 아프지 마

너무 아파서 하늘나라로 가버린 아빠
때늦은 지금

가슴 치며 외쳐본다

아빠도 아프지 마

—환, 〈아프지 마〉 전문

어릴 적 엄마한테

별을 따 달라 하였다

엄마는

저기 곱게 뜬 별이

엄마와 아빠의 별이라고

내 키가 크면

따 달라 하였다

창살 안에서

하늘을 바라보니

두 별이 슬피 울고 있다

어머니 아버지 더 이상 울지 마세요

불효 아들 키도 훌쩍 자란 만큼

슬픈 별을 따다

기쁨으로 바꿔 드릴게요

—아담, 〈두 개의 별〉 전문

2010년이었습니다. 중앙대학교 예술대학원 문예창작 전문가과정을 수료한 두 제자 허전과 손옥자 시인이 연락을 해왔습니다. 문체부 산하 기관에 교도소와 군부대 등에 가서 하는 시창작 프로그램을 신청했는데 전자가 되었다고 하면서 자기네는 매주 나가니 날더러 한 달에 한 번 정도 특강을 해줄 수 있겠냐고 물어보는 것이었습니다. 그것이 인연이 되어 안양교소도, 춘천교도소, 영동포구치소, 신촌정보통신학교(춘천소년원) 등에 가게 되었습니다.

서경숙 시인은 중앙대학교에서 석사를 받고 평택대학에서 상담심리학으로 박사학위를 받았습니다. 서 시인과도 안양교도소, 서울남부교도소, 고봉중·고등학교(의왕시 소재 서울소년원) 등에 콤비를 이뤄 갔습니다. 나중에는 저 혼자 가는 날도 많았습니다.

신촌정보통신학교라고 교문 옆에 문패가 붙어 있었지만 실은 춘천소년원입니다. 우락부락하게 생긴 청소년 20여 명이 같은 옷을 입고 같은 헤어스타일을 하고 앉아 있었습니다. 이 아이들에게 시를 가르친다? 입이 잘 떼어지지 않았습니다. 시란 어떤 것이고 어떻게 쓰면 된다고 말해보았자 귀담아들을 것 같지 않았습니다. 어머니에 대한 이야기를 해보자고 하면서 딱딱한 분위기를 바꿔보려고 애를 썼습니다. 한 사람 한 사람에게 물어보았습니다.

언제 엄마 생각이 많이 나요? 생일날? 어버이날? 엄마 생신 때? 엄마가 해주신 음식 중에 뭐가 제일 먹고 싶어요? 엄마랑 같이 갔던 장소 중에 제일 기억에 남는 곳은? 제주도? 해외여행? 영화관? 아빠 엄마랑 해수욕장 가서 있었던 일 얘기해볼 사람? 자기 엄마 자랑을 해볼 사람?

돌아가면서 얘기를 해보자고 시켜도, 어느 한 소년을 지목해 질문을 해보아도 묵묵부답, 어색한 시간이 계속 이어지자 등에서 식은땀이 났습니다. 뭐라도 좋으니 엄마에 대해, 엄마와의 추억에 대해 얘기를 해보자고 방향을 좀 돌렸습니다. 한 소년이 볼멘소리로 외치듯이 말했습니다.

"엄마는 생각하고 싶지 않아요. 저 여기 온 이후 면회 한 번 안 왔어요. 아빠랑 이혼하고 다른 남자랑 살아요."

또 다른 소년이 말했습니다.

"저희 엄만 제가 여기 와 있는 것도 모를 걸요. 재혼하고는 이민 갔어요."

또 다른 소년이 말했습니다.

"제가 아주 어릴 때 너네 아버지랑 못 살겠다고 집을 나가서 맛있는 걸 뭐 해줬는지 기억도 안 나요."

두세 명을 제외하고는 다 엄마에 대한 애틋한 기억을 얘기하지 않고 원망을 했습니다. 이 아이들을 위해 우리 어른이 도대체 무엇을 해줄 수 있을까요. 암담한 마음으로 교문이 아닌 철문을 나섰습니다.

고봉중·고등학교에는 세 차례 특강을 하러 갔습니다. 작전을 달리하여 윤동주의 시를 복사하여 나눠주었고, 시 낭독을 시켰고, 시를 쓰게 했습니다. 우수작을 선정해 상품을 주었습니다. 춘천에서와는 달리 아이들의 반응이 좋았습니다.

4개 반으로 나눠 담임 선생님을 두어 9개월 동안 시 치료 프로그램이 가동되었습니다. 모 재벌의 장학재단에서 장학사업의 일환으로 예산을 지원해준 덕분이었습니다. 아이들이 쓴 시가 문집으로 만들어졌습니다.

내 나이 열일곱 그중 7년을
부모님 가슴에 못을 박은 나
집에 안 들어가고 방황을 하던 나
훔치고 때리고 빼앗을 때마다

부모님 가슴에 하나하나 박히던 못

이제 나의 꿈은

그 못을 하나하나 빼는 것이다

—블랙롱, 〈꿈〉 전문

이 시가 실린 문집이 면회 온 부모님께 전해졌습니다. 부모님께 자랑할 것이 없던 아이는 자랑스럽게 문집을 내밀었고 그것을 받아든 부모님은 아이 칭찬할 것이 생겼습니다. 이 문집은 놀라운 현상을 가져왔습니다. 자식의 반성문을 부모는 가슴으로 읽었습니다. 부모는 자식한테 칭찬할 거리가 생겼습니다. 놀랍도록 감동적인 시가 많았습니다. 소년원에 수감되어 비로소 부모님의 고마움을 알게 된 청소년들이 꽤 있습니다. 평소에는 부모님 속을 많이 썩여드렸고 학교에서도 종종 사고를 친 말썽꾸러기들이 마음을 가다듬어 쓴 시를 읽으며 감동했습니다.

〈아프지 마〉를 쓴 환이라는 아이는 어릴 때 돌아가신 아빠가 소년원에 수감되니 생각났나 봅니다. 내가 아플 때 내 아들 아프지 말라고 했는데 지금 이 아이는 너무 아파서 하늘나라로 가신 아빠에게 외쳐봅니다. 보고 싶다고. 나는 아빠에게 아프지 말라는 말도 못해서 죄송하다고. 이런 감동적인 시는 초등학교 교과서에 실려도 좋겠습니다.

하지만 소년원 시 창작 프로그램 지원사업은 2년 만에 중단되었습니다. 그 재벌 장학재단에서 생색나지 않는 이 사업을 중단하고 과학우수장학사업, 체육우수장학사업, 예술우수장학사업 위주로 진행하고 있습니다. 청소년치아교정지원사업도 들어 있습니다. 이런 것들에 밀려 소년원 시 창작 지원사업이 끊긴 것이어서 너무나 아쉽고 안타깝습니다. 대한민국 대기업체의 장학사업 중 아주 작은 금액이라도 소년원에서 살아가는 아이들을 위한 프로그램으로 전환되기를 바랍니다. 아이들을 우리 사회의 기둥으로 키워야 하는 것이 어른들이 해야 할 일이 아닐까요.

제 고향인 바로 이곳 김천소년교도소에서 온, '선생님'을 테마로 쓴 글이 잊히지 않습니다. 신 아무개 소년이 쓴 글에 그려진 선생님은 초·중·고등학교 때의 선생님이 아니라 교도관이었습니다. 접견장에 주기적으로 찾아온 늙은 교도관은 자신의 인생경험 얘기도 해주고 자유가 없는 그곳에서의 생활에 대해 조언도 해주었습니다. "지켜보고 있으니 열심히 해라", "다른 사람들을 배려해라" 같은 말이 소년의 마음을 움직였습니다. 소년은 감동을 받았고 감화를 느꼈습니다. 늙은 교도관은 어느 날 소년에게 말합니다. 척추가 안 좋아 수술을 받게 되었고 이제 곧 정년퇴직도 하게 되었다고요. 어느 날부터 눈앞에서 사라진 늙은 교도관의 안부를 걱정하며 소년은 이렇게 씁니다.

"제가 소년원 생활에 적응 못 하고 방황과 위기와 어려움을 겪고 있을 때, 제 입장에서 이해해주시고 공감해주시면서 올바른 길로 인도해주시니 진정한 선생님의 참된 모습 같았습니다. 교도관 선생님께서는 그 어떤 선생님보다 위대하고 자상하며 아버지 같은 선생님입니다. 그 은혜 평생토록 마음속 깊이 간직하겠습니다."

참 아름다운 사연이었습니다. 10대 청소년에게 선생님 이상의 감화를 준 늙은 교도관은 진정한 의인이었습니다. 그 교도관처럼 위대하고 자상하며 아버지 같은 선생님이 되는 건 어려운 일입니다. 학생들의 입장을 이해하고 격려해주는 것 또한 그렇습니다. 그럴지라도 한 사람의 선생으로서 노력하고 싶습니다. 저의 말 한마디가 학생들에게 인생의 좌표가 될 수 있도록 말입니다.

저는 13년째 전국의 교도서와 구치소에 수감되어 있는 분들의 수필작품을 심사하고 있습니다. 최근에 통권 451호가 나온 계간《새길》의 발행처는 서울지방교정청 사회복귀과고 인쇄소는 서울남부교도소입니다. 비매품이어서 일반 서점에서는 판매가 되지 않는 책입니다. 재소자들이 쓴 테마수필·시·수필·독후감·서간문·용서의 글 중 제가 심사하는 분야는 테마수필과 용서의 글입니다. 어느 해 여름호의 테마는 '성숙의 열매를 준비하는 나의 여름'이었고 '봄을 기다리는 마음', '사진 속 이야기'도 있었습니다. 아버지·선생님·인연·운동회·군고구마가 테마로 주어진 적도 있었습니다.

3개월에 한 번, 재소자들의 원고 뭉치를 받아 심사를 하는 며칠은 깊은 슬픔에 잠겨 밥맛도 잃고 얼굴에서 수심이 지워지지 않습니다. 가족과 밥을 먹으면서도 한숨을 내쉽니다. 가슴 아픈 사연, 진정성이 느껴지는 소중한 글들에 순위를 매기고 탈락시키는 일은 고역입니다. 투고 작품의 3/4 정도가 탈락합니다.

재소자들의 수필을 3개월에 한 번씩 10여 편을 읽으면서 정말 깜짝 놀랐습니다. 10만 명 정도 되는 수용자 가운데 글재주 있는 사람들이 왜 없겠습니까. 이만한 사고력과 문장력을 갖고 있는 사람이 왜 옥살이를 하고 있을까? 혀를 끌끌 차며 읽는 경우가 정말 많습니다.

작품평을 쓰면서 수필 잡지들이 있으니 투고를 해보라고 권한 적도 많았습니다. 수용자들 중에는 대학 졸업자, 대학원 졸업자들도 많으므로 그 중에는 문과를 나온 사람도 적지 않을 것입니다.《새길》은 수준 높은 문예지이지만 비매품이라 교도소 밖에서는 구해 볼 수 없는 책입니다. 2020년 여름호《새길》에 쓴 작품평 3개만 소개합니다.

25년형을 받았으니 참으로 긴 세월을 사회를 떠나 있게 되었습니다. 25

년 뒤의 자신을 생각하면 암담해질 수밖에 없을 겁니다. 그런데 25년 뒤의 모습이 지금의 나와 다를 바 없다는 데 생각이 미치자 '소름이 돋고 눈이 번쩍 뜨이면서 이렇게 살아서 안 된다는 확신이 들었다'고 했습니다. 그래요, 그대 말마따나 주어진 것에 만족하고 지금 매사에 집중하는 자세로 살아보십시오. 인격 수양과 지식 습득에 애를 쓰면 그곳이 바로 새로운 삶의 터전이 되지 않겠습니까.

수용자가 쓴 수필은 갇힌 자의 답답함이 그대로 나타나거나 우울증에 사로잡힌 자의 푸념인 경우가 많습니다. 자신의 잘못은 반성하기는 하지만 생활 태도를 그곳에서 바꾸는 것이 쉽지 않지요. 이 글의 장점은 밝고 희망적인 생각을 늘 하는 분이 썼다는 데 있습니다. 알을 깨는 아픔이 있어야 재탄생의 기쁨을 누릴 수 있습니다. 그대는 지금 큰 인생 공부를 하고 있는 것입니다.

37년을 살아오면서 전과를 여러 개 달았으니 직접적인 피해를 입힌 분도 적지 않겠지만 어머니를 비롯한 가족이 겪은 고통이 엄청났을 것입니다. 내 한 몸이 우리 사회에 별 쓰임이 없이, 피해와 고통만 주다가 끝난다면 얼마나 허망한 일생이 되겠습니까. '사람이 달라졌다'는 말을 듣게끔 멋지게 살아보기 바랍니다. 30대이니 결코 늦은 것이 아닙니다. 효도는 어머니께 맛있는 것을 사 드리는 것에 있지 않고 내 아들이 저런 일을 하다니 하고 자랑스러워하는 데 있지 않겠습니까.

이런 식의 덕담으로 이루어진 작품평을 계절마다 이삼십 개씩 쓰는 것이 제 일입니다. 많은 수용자를 만나고 수천 편의 글을 읽으면서 느낀 것이 있습니다. 아이들은 가정의 불화, 학교에서의 소외감, 이른 탈선 등이 원인이 되어 와 있는 경우가 많았습니다. 어른들은 사업 실패, 요행수에 대한 기대, 일확천금의 꿈, 분노를 자제 못 하는 성질 등이 투옥의 주된 이유였습니다.

그리고 소년원 출신이 훗날 성인 교도소에 가는 경우가 아주 많습니다. 우리나라는 재범률도 높은 국가입니다. 아이들이나 어른들이나 칭찬을 들어본 적이 거의 없었다는 공통점이 있었습니다. 그래서 저는 그들의 글을 읽으면 칭찬을 아끼지 않습니다. 직접 가서 수업을 할 때면 제가 먼저 박수를 치고, 감동했다고 말하고 이런 게 바로 시라고 말합니다.

저는 아버지한테서 딱 두 번 칭찬을 들었습니다. 1975년, 가출 후 장기 결석으로 고등학교를 퇴학당한 그해에 대구지구와 대전지구 대입자격검정고시에 전과목 합격을 했을 때와 1999년 모교의 전임이 되었을 때였습니다. 공부 잘하는 형에 비해 뭐 하나 잘하는 게 없는 저는 늘 꾸중만 들었습니다. 그래서 저는 그들을 만나서 가르칠 때 자작시를 읽으면 칭찬을 아끼지 않습니다.

이제 장애아동의 시를 몇 편 보겠습니다.

    흰 구름에 빨간 고추잠자리
    볼 수는 없지만

    샘물에 떨어진 은행잎 건지며
    가을이 온 줄을
    나는 알아요.

샘물에 두 손 담그면
아, 여름날 차갑던 샘물이 따뜻해요.

—〈가을이 온 줄을〉 전문

 충주 성심맹학교 학생이 쓴 동시입니다. 눈먼 아이가 체험한 내용이 그대로 시가 되었습니다. 날씨가 차가워지는 가을에는 샘물이 오히려 따뜻하게 느껴지는데, 저로서는 시를 쓴 아이의 마음이 더 따뜻하게 다가옵니다.

초능력 둘리가 될 수 있다면
날개 달린 나비가 될 수 있다면

아프리카 배고픈 어린이에게 날아가
사탕이랑 초코파이랑
많이 많이
어린이날에 선물할 수 있게

알라딘의 요술램프가
있다면 좋겠어요.

—〈나의 꿈〉 전문

 동시치고도 되게 시시하다고요? 지적장애로 고생하는 초등학교 5학년 아이가 쓴 동시입니다. 아이 자신은 커다란 십자가를 지고 한세상을 살아가고 있으면서도 남을 불쌍히 여기는 마음, 즉 측은지심과 자비지심을 갖고 있어 우리를 감동시킵니다. 감동적인 시는 여운이 남습니다. 가슴이 뿌듯해지기도 하고 콧잔등이 시큰해지기도 하지요.

    울 엄마
    내가 중학생 되자
    무서워졌다

    엄마가 아는 애들은
    왜 그리도 공부를 잘하는지

    어디 갔다 오시면
    뭐 하는 거냐고 혼낸다
    책상 앞이 아니면

    덕분에 TV 볼 때도
    마음대로 못 보고
    밥 먹을 때도
    편안히 못 먹는다

    시험 기간에는 늘
    살얼음판을 걷는 기분

    시험 결과 나오면
    일주일은 모자 관계 끊는다

> 나를 이렇게 비극적으로 만드는 건
> 무한 경쟁
> 이놈의 시험 없어져라
> 그래야 가정이 편안해진다
>
> ─최세환, 〈시험과 엄마〉 전문

   중학교 3학년 학생이 쓴 이 시를 읽고 전국의 수많은 중학생이 '맞아, 내 얘기야' 하고 동의를 하겠지요? 이 시는 '유머'와 '공감'의 측면에서는 성공했다고 봐집니다. 다소 과장된 면도 없지는 않지만 많은 독자가 공감을 했고, 우리나라 보통 집안의 풍경이어서 현실감이 있습니다.

   아이가 잘못했을 때 꾸지람을 하기는 쉽습니다. 그런데 아주 작은 것이라도 찾아내어 칭찬해주는 것이 교육적 효과로 볼 때는 윗길일 수 있습니다. 특히 불우한 환경에서 자란 아이들은 욱하는 성격을 잘 참지 못하고, 열등감도 있습니다. 그 아이들을 잘 살펴주고 도와주는 어른이 되기를 바랍니다. 예전에는 부모와 자식 간이 사친이효事親以孝라는 말에 담겨 있는 뜻처럼 복종과 효도가 주였지만 지금은 그렇지 않습니다. 심지어는 부모-자식 간에 살해나 상해가 이뤄지기도 합니다. 그러므로 자식에게 효도를 강요할 것이 아니라 함께하는 시간을 만들고 대화의 시간을 갖도록 애써야 합니다. 부모와 자식 간에도 관계개선을 위한 노력이 있어야 하는데 우선 그 일을 해야 할 사람은 여러분들입니다. 여러분의 본을 보고 효도 하는 것이니 우리 모두 아름다운 사회를 만들기 위해 함께 노력하도록 합시다. 끝으로 제가 쓴 시 세 편을 소개해드리면서 이 강연을 마칠까 합니다.

뭘 드시고 싶은가요?

파란 쪽파를 뿌리고 소금과 후추를 조금 넣지요
국물이 끓기 시작하면 쑥갓, 배추, 표고버섯을 차례로 넣어야 해요
그리고는 굵게 썬 흰 파를 넣고, 거기다가……

긴 시간이 걸리는 이런 요리는 누구도 말하지 않았다
저는 짜장면, 저는 김밥, 저는 물냉면요

농심신라면요 계란 하나 꼭 깨뜨려 넣고요
저는 칼국수요 바지락 들어간 걸로
음식 이름을 하나씩 말하며 그들은 미소 지었다

음식마다 깃든 추억과 그리움
시인 양반! 저는 소보루빵이 먹고 싶소이다
어릴 때 제일 맛있게 먹었던 거라서……

소보루빵 단팥빵 크림빵을 잔뜩 샀다
그들은 그날 저녁밥 반도 못 먹었으리라

아무도 맛있다는 말을 하지 않았다
맛있나요? 물어볼 수 없었다 이런 말 앞에서

우아 이런 빵 십 년 만에 처음 먹어보네

난 십오 년, 난 이십이 년……

눈을 감은 채, 다들 꿈꾸는 표정으로,
아주 천천히, 소처럼, 오래오래, 씹었다

함께 울다
—에이스 반 아담 군에게

저 길 어디쯤에는 사람들 발에 밟혀 자라다 만 풀이 있을 거야

사람들은 아침에 일어나 세수를 하고 밖으로 나가지 집 밖으로
밖에서 사람들을 만나면 대화가, 소통이, 관계가 이루어지지
때때로 상처를 받고 때로는 상처를 주고
그것 중 어떤 건 흉터가 되고
어떤 때는 덧나 진물이 흐르고
혹간 생이 참 가혹하다고 너는 말할지도 모르겠다

나훈아의 '테스형'을 흥얼거릴 때도 있겠지
아버지가 미워질 때 너는 어떡하니?
어머니가 미워질 때 너는 어떡하니?
술을 배웠겠구나 테라를 마시니? 골 때리게 하는 참이슬?
소년원에서 너는 한 시절을 났다 그 시절을
'지옥의 계절'이었다고 말하고도 싶겠지

웬 아이를 때려 그곳으로 갔는데 너는
거기서 누구한테 제대로 맞았지 더 센 놈한테
세상엔 어딜 가나 '더 센 놈'이 있는 법이지

시를 가르쳤다 시는 가르치는 게 아닌데 나는
너희들한테 시란 마음을 글로 전하는 것이라 했다
그리 길지 않은 글, 정성을 다해 쓴 글
울고 싶을 때, 죽고 싶을 때 쓰는 글
미쳐버리고 싶을 때 발작적으로 쓰는 글

너는 시를 썼다
"어릴 적 엄마한테
별을 따 달라 하였다"고 시작되는 시를
네가 쓴 시 앞에서 나는 못 참고서 돌아서서 울고
너의 낭독은 우리 모두를 울리고
울음으로 정화되는 우리의 혼

저 길 어디쯤에는 사람들 발에 밟혀도 일어서는 풀이 있을 거야

소년원에 가서 시화전을 보다

우락부락한 소년들이 화나 있다
같은 머리 모양 같은 색깔 같은 디자인의 옷

들어온 이후 단 한마디도 말하지 않는 소년이 있다
뒤늦게 알았다고 한다
아빠도 친아빠가 아니고 엄마도 친엄마가 아니었다

등을 휘어감은 뱀 무늬 저 문신을 어찌할 것인가
이마에 칼자국 팔뚝에 담배자국
소년들 영혼의 흉터는 또 어찌할 것인가

좁은 방 안에서 열댓 명 소년이 뒹굴고 있다
옷깃만 스쳐도 인연이 아니라 살갗만 스쳐도 싸움이다
모두 투견장의 개들처럼 으르렁대고 있다

두어 달에 한 번은 징벌방에 가는 소년들이
울부짖고 있다 철창 너머 보이는 하늘을 향해
외치고 있다 세상을 향해 학교를 향해 부모를 향해

죽어버리라고 망해버리라고
죽고 싶다고 어차피 끝난 인생이라고
주먹에서 피가 나도록 벽을 치는 소년들

펜을 주었다
기막힌 사연들이 간절한 바람들이
가슴으로 영혼으로 눈물로 피눈물로 쓴 시

아무도 구경 오지 않는 썰렁한 시화전
작품들 강당 한구석에 어색하게 서 있다
어디로 갈까 어디에 처박혀 있다 어떻게 버려질까

그래도 꿈이 있구나 바리스타가 되고 셰프가 되고
그래, 사랑하고 싶었고 사랑받고 싶었구나
발걸음 뗄 수 없게 하는 소년들의 목소리

2024 경남시인협회 유등 사화집

진주의 달밤 등불

펴낸날	2024년 11월 22일
펴낸이	주강홍 회장
펴낸곳	경남시인협회
주 소	진주시 강남로 45, 101동 1102호(금호석류마을A)
연락처	010-3880-0053(회장 주강홍)
	010-9237-0165(사무국장 황숙자)

만든곳	도서출판 경남
주 소	창원시 마산합포구 몽고정길 2-1
연락처	(055) 245-8818
이메일	gnbook@empas.com
출판등록	제1985-100001호(1985. 5. 6)

ISBN   979-11-6746-162-9-03810

※이 책은 진주남강유등축제 제전위원회의 보조금을 받아 제작되었습니다.

〔값 10,000원〕